DE

LA CONDUITE

DES

RÉFUGIÉS ESPAGNOLS

DANS LES DÉPARTEMENS DU MIDI,

PENDANT LES CENT JOURS.

A PARIS,

De l'Imprimerie de P. N. ROUGERON, rue de l'Hirondelle, N.° 22.

1817.

DE

LA CONDUITE

DES

RÉFUGIÉS ESPAGNOLS

DANS LES DÉPARTEMENS DU MIDI,

PENDANT LES CENT JOURS.

La conduite politique des Espagnols réfugiés en France ayant été l'objet des accusations les plus graves, c'est dans la Chambre des députés qu'un orateur sur-tout se fit remarquer par la chaleur qu'il mit dans la discussion suscitée vers les derniers jours du mois de février dernier. Il étoit urgent de lui répondre pour effacer les premières impressions que son discours auroit pu laisser dans quelques esprits faciles à surprendre. Et, pourquoi n'oserions-nous pas l'avouer! nous éprouvâmes le besoin de soulager notre cœur navré d'une offense aussi cruelle que peu méritée. Dans le premier moment de cette attaque imprévue, l'un d'entre nous publia des *Réflexions sur le discours prononcé par M. Clausel de Coussergues à la Chambre des députés de France, le 28 février,* *contre les réfugiés Espagnols**; avec cette épigraphe : *Quamquam inter adversa, salva virtutis fama.* Il en fut distribué des exemplaires aux membres des deux Chambres, aux ministres de S. M., à beaucoup d'autres personnes. L'auteur de cet écrit fait à la hâte, dans le premier accès d'une juste douleur voulut défendre ses compatriotes accusés; mais il observa toutes les lois de la décence, la mesure la plus parfaite ; et sa modération formoit un véritable contraste avec la véhémence, ou, pour mieux dire, l'emportement de l'accusateur. Cet écrit dut peut-être à cet avantage l'accueil dont il fut honoré. Une indignation généreuse repoussa l'agression irréfléchie qu'on osoit intenter contre une foule d'étrangers malheureux, sur la véritable conduite desquels on n'avoit pas même daigné acquérir des renseignemens positifs.

Cet écrit n'étoit point signé. Les réfugiés Espagnols avoient été insultés collectivement, la défense devoit être générale : le nom de l'auteur, des milliers même de signatures n'eussent pas donné plus de force aux raisonnemens qui constituent la défense. On citoit des faits de notoriété publique; c'étoit là l'essentiel. La condition de l'accusé doit avoir au moins cet avantage sur celle d'un dénonciateur officieux, que ce dernier soit tenu d'offrir la garantie de son nom; parce qu'il est de toute justice qu'il soit responsable devant le magistrat, ou au tribunal de l'opinion publique, du tort

* Imprimées à Paris en 1817, chez P. N. Rougeron.

que son ignorance ou sa mauvaise foi peuvent faire à ceux dont il compromet l'existence ou la réputation : la révélation du nom de l'accusateur est donc un gage que la loi réclame à juste titre dans tous les pays civilisés, pour opposer une espèce de digue à la fureur des passions. Mais quand il ne s'agit que de repousser une accusation, alors on est toujours sûr de bien faire. C'est l'exercice d'un droit légitime. Les précautions commandées par le caractère même de celui qui accuse, auquel il est toujours permis de supposer des motifs intéressés, deviennent superflues à l'égard de celui qui ne cherche qu'à se défendre. *Se justifie-t'il ou non?* Voilà le fait.

Les *Réflexions* furent donc publiées sous le voile de l'anonyme. Le nom de l'auteur n'auroit vraisemblablement produit d'autre résultat que de fournir des prétextes plus ou moins frivoles à des personnalités étrangères à la discussion. Cet écrit n'avoit besoin que d'être fondé sur la vérité. S'il eût pu être attaqué sous ce rapport, notre adversaire n'eût pas manqué de le combattre. Il a gardé le silence. Il est vrai qu'on a vu paroître au grand jour de l'impression le discours qu'il avoit prononcé à la tribune ; mais il est évident que son but a été plutôt de chercher à justifier l'imprudence de sa première démarche, que d'insister sur la nécessité de la faire et sur l'importance de ses motifs. Il a cru devoir ajouter quelques explications, et produire de prétendues pièces justificatives : qu'en est-il arrivé ? Il a éprouvé de nouvelles mortifications. Sa brochure en a provoqué d'autres qui n'ont pas dû satisfaire son amour propre. Il est à désirer pour lui que cette lutte ne se prolonge pas davantage. Ses amis les plus passionnés ne sauroient lui promettre d'en sortir victorieux.

Quoi qu'il en soit désormais, notre premier écrit contient une promesse solemnelle, et nous voulons la tenir.

Il est dit, page 5 : *Déjà beaucoup de témoignages irrécusables ont éclairé l'opinion publique sur la plupart de ces imputations faites aux réfugiés Espagnols. Cette déplorable occasion fera naître de nouvelles défenses. Nous nous bornons à publier à la hâte les premières réflexions que le Discours a dû nous inspirer.*

En effet, plusieurs personnes, non moins éclairées qu'intéressées à repousser ces imputations odieuses, se préparoient à démontrer l'injustice de la plus grave de toutes ; celle-ci, que *les Espagnols réfugiés en France ont été rebelles à leur roi, et criminels envers leur patrie.* Quelque péremptoire que fût leur démonstration, elles ont jugé convenable de ne point fatiguer le public d'une discussion de cette nature.... La question est complètement jugée à cet égard. Les événemens d'Espagne sont aussi connus aujourd'hui dans toute l'Europe, que la *force irrésistible* dont ils furent l'inévitable résultat. Qui ne sait que l'enlèvement de la famille royale eut lieu sans l'intervention d'aucun Espagnol? qu'au contraire, le peuple espagnol tout entier, mu par un instinct naturel, cherchoit à détourner le monarque de ce funeste voyage de Bayonne? La loyauté caractéristique de notre nation ne s'est point démentie, on n'a jamais cité le nom d'un seul réfugié dont la conduite ait fait rougir ses compatriotes dans cette circonstance; pourquoi donc rappeler encore des faits que personne n'ignore? Nous n'avons point à solliciter à cet égard une justice que tout le monde nous a rendue. Dire que le parti de la résistance à l'oppression fut généreux et magnanime, mais qu'il offroit à peine des chances favorables; que celui de la soumission paroissoit moins funeste qu'une guerre désespérée, et que cette dernière opinion put devenir une erreur, et jamais un crime; c'est répéter des vérités triviales qui n'ont jamais été contestées. Il est bien temps assurément de vouloir apprendre aujourd'hui à l'Europe qu'il existoit naguères une puissance formidable dont le poids a pesé sur elle pendant plusieurs années consécutives! Est-il besoin de répéter aussi qu'il étoit permis de douter du salut de la patrie quand elle fut accablée par des forces aussi colossales? Cette considération n'a-t-elle pas dicté la résolution unanime de tous les souverains de l'Europe, de jeter un voile sur la conduite des individus pendant cette époque désastreuse? Cette absolution du passé, dont l'histoire fournit un exemple à chaque révolution politique, et qui proclame l'inculpabilité de tous les actes commandés par la force, faudra-t-il la justifier encore? Seroit-elle blâmable aux yeux de quelques censeurs sévères ? Si malgré l'évidence de ces motifs, il est encore des hommes irréconciliables, ce n'est pas la publication d'une brochure de plus, ni une apologie nouvelle, toujours subordonnée, dans ses développemens, à la nécessité de ne pas tout dire, qui pourroient opérer le miracle de convertir des esprits aussi difficiles. Et d'ailleurs quelle sera jamais l'opinion ou la conduite d'un ou plusieurs individus qui réunisse les suffrages de tout le monde? Cette unanimité n'est pas dans la nature humaine. *Nec Jupiter quidem omnibus placet.* L'époque actuelle semble avoir assuré sur ce point une pleine liberté de conscience. Nous n'aspirons pas à l'honneur d'être exceptés de la règle commune. Nous n'opposerons plus que le silence à des imputations dénuées de preuves ; et notre accusateur ne trouvera pas dans nos expressions le moindre prétexte qui puisse justifier la haine qu'il nous a si gratuitement vouée.

On a donc renoncé à la jouissance de triompher dans cette lutte, pour ne pas abuser de la supériorité que donne une cause trop facile à défendre ; car nous n'aurions pas besoin d'entrer dans une discussion pénible et douteuse, ni de chercher à résoudre des problêmes compliqués ; ici tout est clair, positif, à la portée de quiconque veut voir. Quelle que soit la subtilité de l'esprit de parti, il faudroit toujours en venir à cette manière de poser les questions.....

Un homme élévé par la fortune au faîte de la puissance, trompe et envahit en même temps une na-

que son ignorance ou sa mauvaise foi peuvent faire à ceux dont il compromet l'existence ou la réputation : la révélation du nom de l'accusateur est donc un gage que la loi réclame à juste titre dans tous les pays civilisés, pour opposer une espèce de digue à la fureur des passions. Mais quand il ne s'agit que de repousser une accusation, alors on est toujours sûr de bien faire. C'est l'exercice d'un droit légitime. Les précautions commandées par le caractère même de celui qui accuse, auquel il est toujours permis de supposer des motifs intéressés, deviennent superflues à l'égard de celui qui ne cherche qu'à se défendre. *Se justifie-t'il ou non?* Voilà le fait.

Les *Réflexions* furent donc publiées sous le voile de l'anonyme. Le nom de l'auteur n'auroit vraisemblablement produit d'autre résultat que de fournir des prétextes plus ou moins frivoles à des personnalités étrangères à la discussion. Cet écrit n'avoit besoin que d'être fondé sur la vérité. S'il eût pu être attaqué sous ce rapport, notre adversaire n'eût pas manqué de le combattre. Il a gardé le silence. Il est vrai qu'on a vu paroître au grand jour de l'impression le discours qu'il avoit prononcé à la tribune; mais il est évident que son but a été plutôt de chercher à justifier l'imprudence de sa première démarche, que d'insister sur la nécessité de la faire et sur l'importance de ses motifs. Il a cru devoir ajouter quelques explications, et produire de prétendues pièces justificatives : qu'en est-il arrivé ? Il a éprouvé de nouvelles mortifications. Sa brochure en a provoqué d'autres qui n'ont pas dû satisfaire son amour propre. Il est à désirer pour lui que cette lutte ne se prolonge pas davantage. Ses amis les plus passionnés ne sauroient lui promettre d'en sortir victorieux.

Quoi qu'il en soit désormais, notre premier écrit contient une promesse solemnelle, et nous voulons la tenir.

Il est dit, page 5 : *Déjà beaucoup de témoignages irrécusables ont éclairé l'opinion publique sur la plupart de ces imputations faites aux réfugiés Espagnols. Cette déplorable occasion fera naître de nouvelles défenses. Nous nous bornons à publier à la hâte les premières réflexions que le Discours a dû nous inspirer.*

En effet, plusieurs personnes, non moins éclairées qu'intéressées à repousser ces imputations odieuses, se préparoient à démontrer l'injustice de la plus grave de toutes ; celle-ci, que *les Espagnols réfugiés en France ont été rebelles à leur roi, et criminels envers leur patrie.* Quelque péremptoire que fût leur démonstration, elles ont jugé convenable de ne point fatiguer le public d'une discussion de cette nature.... La question est complètement jugée à cet égard. Les événemens d'Espagne sont aussi connus aujourd'hui dans toute l'Europe, que la *force irrésistible* dont ils furent l'inévitable résultat. Qui ne sait que l'enlèvement de la famille royale eut lieu sans l'intervention d'aucun Espagnol? qu'au contraire, le peuple espagnol *tion amie ; il lui enlève la dynastie entière de ses princes : fort de ses innombrables baïonnettes, il crée une autorité nouvelle ; il proclame hautement que d'une obéissance entière à cette autorité dépend désormais le salut et l'indépendance de cette nation surprise et accablée : tous les cœurs sont saisis de douleur et d'indignation, il n'y a plus d'autre alternative que celle de détruire la force ou de s'y soumettre ! Que les passions se taisent et laissent un moment d'exercice à la saine raison... Quel parti faut-il embrasser : des chances de succès doivent-elles peser dans la balance plus que l'évidence d'un danger terrible auquel il est impossible de se soustraire ? Choisissez entre la résistance ou la soumission ; faut-il laisser au temps le soin d'arrêter les excès de la violence, ou provoquer sur-le-champ tous les fléaux d'une dévastation générale ? Dans cette grande incertitude, les avis furent partagés. Chacun vouloit sauver la patrie ; on ne fut pas d'accord sur les moyens.... Et quel homme de bonne foi osera blâmer l'une ou l'autre résolution ? Quel est le crime de part ou d'autre ? Qu'on désigne la loi précise à laquelle tous devoient obéir, et qui n'ait pas été respectée ?*

Une autre considération a dû nous empêcher de publier de nouvelles défenses. Que pouvions-nous ajouter à ce qui a été dit dans les ouvrages qui ont déjà paru depuis trois années sur les événemens d'Espagne ? Parmi cette foule d'écrits, il en est deux qui méritent une attention particulière, ils ne laissent aucun doute sur *l'inculpabilité* des Espagnols qui embrassèrent le parti de la soumission. Il suffit d'y renvoyer nos lecteurs.

Le premier est le *Mémoire de Don Miguel Azanza, et Don Gonzalo O-Farrill, ou Exposition des faits qui justifient leur conduite politique, depuis le mois de mars* 1808, *jusqu'à celui d'avril* 1814*. Classique dans son genre, il est consacré à la défense de deux hommes très-connus et de ceux qui partagèrent leur opinion. L'historien de ces temps malheureux ne manquera pas de consulter ce mémoire, s'il veut connoître la vérité. Les causes qui amenèrent le bouleversement de la dynastie, les circonstances qui précédèrent ou suivirent cette révolution, la marche des événemens, tout est dit avec une entière franchise, sans aucun esprit de parti, du ton le plus modéré. Quand il sera permis d'écrire l'histoire de nos infortunes, quand les passions et les intérêts du moment auront perdu leur influence, alors cette relation impartiale obtiendra la confiance dont elle est si digne. On aura de la peine à croire qu'elle ait été publiée à l'époque où toutes les blessures saignoient encore, et par des hommes aussi vivement intéressés à la manière dont cette révolution seroit jugée. Telle est en effet la sincérité, la bonne foi, l'impartialité dont les auteurs ont consigné les preuves à chaque ligne de leur *Exposition*. Tout le monde est

* Imprimé à Paris, en 1815, chez P. N. Rougeron.

d'accord aujourd'hui, abstraction faite des opinions particulières, sur le mérite et l'utilité de ce livre, où l'on trouve le fidèle récit de ce qui s'est passé dans la Péninsule.

Imprimé d'abord en espagnol, parce que le but des auteurs étoit d'éclairer la religion de leurs compatriotes, des exemplaires en furent adressés au roi Ferdinand VII, ainsi qu'à ses ministres : il est juste d'avouer que le gouvernement espagnol n'a pas mis d'obstacles à la circulation de cet ouvrage, laissant à chacun le droit imprescriptible de juger la conduite des hommes publics. Il faut dire aussi, en l'honneur de la vérité, qu'après avoir (les auteurs) traité les matières les plus délicates, après avoir été placés constamment entre les intérêts de l'amour-propre, ou les irritations de l'esprit de parti, ils ont raconté les véritables causes et les faits principaux de la révolution, sans qu'aucune réclamation se soit élevée jusqu'ici contre leurs témoignages : ce qui prouve jusques à l'évidence qu'ils ont respecté la vérité. Car l'amour-propre est intraitable de sa nature ; les temps de révolution ne lui font rien perdre de sa susceptibilité, la prospérité le rend plus exigeant.

Or, il est incontestablement résulté de la lecture de l'ouvrage dont il s'agit, que les esprits les plus prévenus ont été forcés de faire une concession importante. « C'est-à-dire, que les Espagnols réfugiés en » France ont pu avoir, et même qu'ils ont eu le » mérite de *l'intention.* » C'est à peu-près tout, dans la circonstance, le reste dépend de l'événement, qui n'est presque jamais dirigé par la volonté des hommes. Les Dieux même de l'antiquité furent soumis à l'aveugle pouvoir de la *destinée.* Nous ne reconnoissons pas cette divinité fabuleuse: mais il est à nos yeux un principe incontestable; c'est que le sort des empires, comme celui des individus, tient à des causes supérieures à l'intelligence et aux moyens physiques de l'homme.....

Le mémoire de MM. Azanza et O-Farrill a été traduit en françois en avril 1815, époque fatale, même pour cette production étrangère, où se trouvoit peinte sous ses véritables couleurs cette agression perfide, dont l'auteur venoit de ressaisir le sceptre de l'autorité suprême en France.

La gravité des événemens qui suivirent absorba toute l'attention publique. Toutefois, les hommes qui aiment à juger avec connoissance de cause, n'ont pas négligé la lecture de cet écrit : quant à ceux qui ne l'ont pas encore lu, ils nous sauront gré de mettre sous leurs yeux le passage suivant, qui commence à la page 217.

Nous ajoutons seulement que tout est écrit avec le même esprit et la même exactitude.

« La résistance heroïque de cette nation (l'Espagne)
» étoit soutenue par les sentimens de l'amour de la
» patrie et de la gloire; mais la raison et l'expérience
» prouvent que le bonheur et le succès ne couronnent
» pas toujours ces sentimens élevés.

» La nouvelle dynastie parvint à dominer la plus » grande partie de l'Espagne. La considération que ce » gouvernement n'étoit reconnu que dans les lieux » où la force le protégeoit et l'appuyoit, est vraie; » et même si l'on veut, son évidence est de longue date, » mais elle ne prouve rien. On verra dans les com- » mentaires de César s'il en étoit autrement de l'Espa- » gne et des Gaules dont les peuples employèrent pen- » dant plusieurs années la même tactique, et n'en » furent pas moins conquis et incorporés à l'empire » romain. Peu de temps après, ces mêmes peuples » élevèrent des statues et des monumens en l'honneur » de leurs conquérans. Tel est le cours des choses » humaines.

» L'attitude de déférence que prit toute l'Europe à » l'égard de la France, et la situation où nous voyions » l'Espagne, nous portèrent toujours à croire que la » Péninsule étoit réduite à choisir entre trois partis : » d'être gouvernée par un prince de la dynastie qui » régnoit en France; ou d'être dominée par cette puis- » sance et réunie à elle; ou enfin d'être divisée en petits » Etats en conséquence d'un arrangement entre les » autres Etats européens. On ne devoit pas balancer » à donner la préférence au premier.

» Aucun des Espagnols de ce parti n'a abandonné » ses légitimes souverains. Aucun ne s'est montré fau- » teur ni partisan des changemens intentés par Napo- » léon, et n'a concouru en aucune manière à l'exécu- » tion de ses projets. Mais lorsque les transactions de

» Bayonne nous eurent enlevé notre roi; lorsqu'il ne » nous resta plus qu'à opter entre l'anarchie et un ré- » gime constitutionnel, entre les désastres inévitables » d'une conquête et les avantages d'un gouvernement » indépendant, sur le point d'entreprendre une guerre » héroïque, mais de longue durée et incertaine dans » ses résultats, il est bien pardonnable à un grand » nombre d'avoir embrassé le parti de la soumission, » et on ne pourra jamais leur en faire un crime. »

Il a paru un autre ouvrage en espagnol, à Auch, en 1816, dont voici le titre: *Examen des prétendus crimes d'infidélité à leur patrie, attribués aux Espagnols qui se soumirent à la domination françoise**: c'est une défense raisonnée qui tend à prouver l'inculpabilité de ceux qui reconnurent un gouvernement imposé par la force: l'auteur a senti toute l'importance de la question; il n'a cherché à la résoudre que par l'application rigoureuse de principes incontestables: il remonte jusques à l'origine des institutions sociales; il examine à fond les devoirs réciproques qui existent entre les gouvernemens et les peuples; il en développe sagement l'étendue et les limites; il démontre jusques à l'évidence que tout doit céder à une loi primitive, fondamentale, inviolable, ou en d'autres termes, *celle de* LA CONSERVATION, *celle de la félicité publique : salus populi :* il décompose pièce à pièce cette grande machine, appelée *le corps social*;

* Paris, chez Favre, libraire, Palais-Royal, en face de la Galerie de bois.

» la sagesse étoient persuadés que la résistance n'étoit » qu'un acte de témérité, qu'elle n'entraîneroit d'au- » tre conséquence qu'une dévastation totale. Cette » persuasion seroit-elle un crime ? L'homme n'est pas » le maître de son imagination : il conçoit les choses » de la manière dont ses facultés intellectuelles lui » permettent de les envisager ; il soumet la foiblesse » de sa conception aux vérités révélées, parce que ces » vérités viennent de *Dieu*, qui ne peut le tromper: » mais dans les opinions humaines, qui n'émanent » point d'un oracle infaillible, où est l'autorité suffi- » samment reconnue pour avoir le droit d'enchaîner » la pensée, quand nous sommes tous également ex- » posés à l'erreur ? La société peut sans doute exiger » que tous respectent les lois établies, punir quicon- » que oseroit contrarier les déterminations générales ; » mais, pour affirmer qu'il a complètement raison, » pour dépouiller un autre de son opinion particu- » lière, de qui un homme osera-t-il dire qu'il en a » reçu la mission ? »

« Aucun général, aucun magistrat, aucun chef » de province, aucun corps, ne fit entendre *le cri* » *de guerre*..... Etoient-ils donc tous *afrancesados* ? » ou retenus par de mûres reflexions, ne sentoient- » ils pas l'impossibilité de soutenir le fardeau de cette » guerre ? Ils prirent part finalement à la résistance, » parce que la populace égorgeoit ceux qui ne parta- » geoient pas sa fureur. Et combien d'entre eux laissè- » rent voir d'hésitation et de scrupules, qui après la

» victoire oseroient se vanter de leur énergie ? Ne » nous faisons pas d'illusions sur ce qui s'est passé sous » nos yeux. Nous avons triomphé, sans doute. Notre » gloire en est d'autant plus belle que les espérances » du succès étoient moins raisonnables. Mais n'allons » pas accuser ceux qui n'osèrent compter sur la vic- » toire. Joseph exhortoit les Juifs a recevoir paisible- » ment l'irrésistible domination des Romains, pour évi- » ter une ruine totale. Ce peuple obstiné méprisa le con- » seil ; Jérusalem, que le refus d'une soumission dictée » par l'inégalité des forces avoit déjà livrée une fois au » glaive du Roi de Babylone, fut enfin détruite sans » retour. — Or, Joseph eût-il été coupable, si ses » craintes n'eussent pas été confirmées par l'extermi- » nation de sa patrie ? Si son opinion étoit fondée sur » la nécessité des circonstances, pouvoit-elle devenir » criminelle, cette opinion, parce que la fortune se » seroit montrée moins rigoureuse ? « Le succès d'un » entreprise (disoit Sénèque,) n'est pas soumis exclu- » sivement au calcul de la prudence... » Celui qui au » commencement de la guerre d'Espagne crut de bon- » ne foi que l'issue n'en pouvoit être avantageuse pour » le parti de la résistance, n'eût pas été coupable, si » les résultats eussent justifié sa manière de voir; et le » sera-t-il donc, parce que la victoire s'est déclarée » en notre faveur ? Notre bonne fortune est-elle un » crime dont il soit responsable ? »

« Et cette opinion constitue le tort qu'on reproche » avec acharnement à cette foule d'Espagnols dont les talens

» talens et les vertus seroient si utiles à la patrie ? Ah! » si le ciel ne s'étoit pas réservé à lui seul le pouvoir » de ranimer les cendres dispersées de ceux qui nous » précédèrent dans la carrière de la vie, c'est parmi » les mortels qu'un intervalle de vingt siècles sépare » de l'époque actuelle, qu'il faudroit chercher le ma- » gistrat capable de prononcer sur ces étranges pro- » cédures *d'infidélité*. Celui-là seul seroit exempt des » passions qui nous agitent (*), des ressentimens parti- » culiers, de vues misérablement intéressées qui pro- » longent une lutte déplorable entre les enfans d'une » même famille, dont le besoin le plus pressant est » de jouir enfin d'un repos si chèrement acheté ! C'est » du sein de la poussière des tombeaux qu'il faudroit » évoquer l'ombre de Phocion, pour l'inviter à rem- » plir ces fonctions redoutables auxquelles nul de nos » contemporains n'a le droit de prétendre. Ce guer- » rier philosophe ne seroit point accusé de foiblesse, » d'égoïsme ou de vénalité. Il avoit long-temps com- » mandé les troupes de la Grèce ; l'or des ennemis que » Démosthènes reçut pour sa honte éternelle ne put » jamais le séduire ; il ne fut pas moins courageux » à la tribune aux harangues, que sur le champ de » bataille. »

« Incapable de flatter le peuple, il arrêta plus d'une » fois les élans de ses concitoyens dont la présomption

(*) L'auteur de cet ouvrage l'écrivoit pendant la dernière guerre.

» téméraire vouloit braver la puissance des princes de » Macédoine, et secouer le joug, aussitôt qu'ils apprirent la mort d'Alexandre. Les Grecs triomphèrent » pour cette fois, contre ses avis, et sans le secours de » ses lumières. On lui demandoit après s'il n'auroit pas » été bien aise d'avoir commandé l'armée. *Oui*, dit-il, » *et je le suis aussi d'avoir conseillé de ne pas faire la* » *guerre.* »

Les deux ouvrages marquans dont nous venons de parler rendent superflue toute autre discussion sur cette matière : nous n'avons plus qu'à nous occuper de la promesse contenue dans nos *Réflexions sur le discours*, etc. Il y est dit :

On dénonce les Espagnols réfugiés, comme ayant commis des désordres dans les départemens méridionaux pendant les cent jours. *Nous étions à Paris en ce moment-là. Il nous est impossible de savoir jusqu'à quel point cette accusation est fondée. Nous ne pouvons y ajouter foi, jusqu'à ce que des informations rigoureuses aient éclairci les faits. En attendant nous pouvons assurer qu'avant le débarquement de Cannes, ou à peu près vers cette époque, il avoit été formé des compagnies de réfugiés par les autorités qui gouvernoient au nom du Roi de France. Ces compagnies n'avoient d'autre destination que celle de veiller au service intérieur, et au maintien de l'ordre public. Il est vraisemblable qu'elles cédèrent comme tant d'autres au torrent qui entraîna tout, et qu'elles obéirent aux nouvelles autorités ; mais il est absurde de dire qu'elles les* rétablirent. *Le Ministre de la guerre rend justice au zèle de beaucoup d'Espagnols qui demandèrent à servir le Roi dans les instans les plus critiques : et deux ou trois exceptions défavorables donneroient-elles le droit de former des accusations générales ?*

Nous devons la tenir cette promesse, avec d'autant plus d'empressement qu'elle offre l'occasion de venger l'honneur d'une foule de réfugiés, dont l'innocence n'a pas fait respecter le malheur. Les pièces justificatives qu'on trouvera ci-après feront voir que les officiers militaires, les employés civils, ont tous également à l'envi donné des preuves de leur zèle pour le bon ordre, et qu'ils contribuèrent à le maintenir par les plus louables efforts; les autorités locales garantissent la vérité de cette assertion. Les magistrats rendent justice à l'adhésion que plusieurs eurent le courage de montrer à la cause des petits-fils de Louis XIV, de ce monarque, à la politique duquel nous aimons tous à reconnoître que l'Espagne doit la dynastie actuelle de ses rois et tous les biens que l'union de deux peuples est destinée à produire.

C'est dans la Chambre des députés que des cris d'accusation se sont fait entendre; il est à regretter pour nous que le zèle des orateurs ne leur eût pas laissé le temps d'acquérir les renseignemens nécessaires, dans une affaire de cette nature? Comment pouvoient-ils ignorer que les militaires espagnols qui sortirent de leur pays confondus dans les rangs de l'armée française furent séparés de celle-ci, et désarmés successivement dans les villes de Toulouse, et de Libourne, en décembre 1813? Que réunis ensuite avec les employés civils, il leur fut assigné des dépôts, où leur conduite n'a jamais donné lieu qu'à des éloges unanimes? Tel étoit leur situation quand le débarquement de *Cannes* vint attirer sur la France de nouveaux orages. Désarmés, disséminés sur plusieurs points tous également éloignés du chemin qui du golfe Jouan se dirige à Paris, entourés en tous sens des gardes nationales dévouées au roi, étrangers malheureux, absolument nuls, pauvres, et par cela même plus intéressés à la stabilité du gouvernement qui leur fournissoit des moyens d'existence, n'est-il pas vraiment inconcevable qu'on ait voulu leur attribuer la moindre influence dans les agitations publiques? Qu'on cite la ville, l'endroit où ils ont manqué à la subordination? Quelles sont les autorités locales dont les plaintes les accusent? A qui ont-ils demandé ou arraché des armes pour soutenir tel ou tel parti? Nous savons qu'on a nommé les villes d'Auch et de Rhodez, comme le théâtre des excès commis par les réfugiés espagnols. Les pièces n.° 1 et 2, prouvent l'inexactitude de ce qui a été dit à ce sujet. Le lecteur n'a qu'à les lire.

Lorsque après le 20 mars, un ordre daté du quartier-général de Bordeaux (17 mai 1815) provoque la formation des quatre compagnies où fut enrôlée la grande majorité des individus qui se trouvoient dans la 9.me, 11.me et 12.me division, et leur fit distribuer des armes, le nombre de ces réfugiés ne s'élevoit point à 500 hommes, et ils furent répartis en différentes garnisons. Mais ne sait-on pas, avec quelle réserve, sous quelles conditions honorables, ils acceptèrent ces armes qu'on les forçoit de prendre ? Ils s'empressèrent de déclarer qu'elles ne seroient employées qu'au maintien de la tranquillité publique, premier but de toutes les institutions sociales, but sacré dans les temps de discordes civiles, et sur-tout qu'elles ne seroient jamais tournées contre leur patrie ; leur déclaration fut approuvée.

Nous fournissons la preuve irrécusable de ces faits, dont on pourroit à peine citer des exceptions : que nos accusateurs soient désormais nos juges.

Honneur à ceux de nos compagnons d'infortunes, dont la noble conduite est attestée si solemnellement, et qui doivent aux efforts même de la calomnie la gloire de ces brillans témoignages ! Quoique séparés d'eux par de longues distances, nous avons partagé leur sollicitude, nous jouissons de la justice qui leur est rendue ; notre malheur commun doit resserrer de plus en plus les nœuds sacrés qui nous unissent. Et nous aussi, fidèles à l'honneur, à tous nos devoirs, nous croyons avoir été libres de tout reproche ; notre conscience est un asile qui nous met à l'abri des rigueurs et nous pouvons le dire aussi, des caprices de la fortune.

La conduite de nos concitoyens des provinces méridionales est d'autant plus louable, qu'il étoit presque impossible à des étrangers de résister à l'entraînement général. Cette seule considération suffisoit pour excuser l'erreur ou la foiblesse d'un ou deux individus qui auroient pû céder au torrent, séduits par les prestiges d'une gloire toute récente, ou par les suggestions des autorités du moment.

Oui, dignes compatriotes, nous conserverons à jamais le souvenir de votre conduite généreuse. Jetés par la tempête sur des bords étrangers, où nous avons reçu l'accueil le plus hospitalier, unissons-nous de cœur et d'ame à la nation qui nous accorde un asile, et ne cessons jamais de faire des vœux pour son bonheur; soyons toujours prêts à lui rendre les foibles services qui dépendroient encore de nous, en attendant le jour de fête où il nous sera permis de revoir le soleil de notre chère patrie.

PIÈCES
JUSTIFICATIVES.

AVERTISSEMENT.

Il étoit indispensable d'obtenir des autorités locales les Pièces Justificatives ci-jointes, avant de les publier. Nous venons de les recevoir. C'est un malheur de plus attaché à la condition d'un accusé : ses défenses n'ont presque jamais le mérite de l'à propos. Le lecteur impartial se donnera la peine de se transporter à l'époque de la dénonciation, quoiqu'elle soit déjà un peu éloignée.

Au reste, on auroit pu grossir le volume en y ajoutant beaucoup d'autres témoignages des autorités, parce que les Espagnols se sont conduits par-tout d'une manière satisfaisante. Mais c'en est assez, ce nous semble, pour établir leur innocence et répondre aux accusations dirigées contre eux.

PIÈCES JUSTIFICATIVES.

N.° I.er

Nota. Un orateur de la Chambre des députés a dit à la séance du 3 mars 1817 : « *Au 20 mars, en quittant la Chambre des députés de 1814, lorsque M. Lainé partit pour Bordeaux, je partis pour le département de l'Aveyron, dont j'ai l'honneur d'être député. Je trouvois le pays bien disposé ; mais le chef-lieu étoit tenu sous le joug par un corps d'Espagnols.*

» *Dès le 29 juin, le drapeau blanc fut placé successivement sur tous les clochers du département ; mais l'appui des Espagnols donna assez de force aux autorités illégitimes pour maintenir dans la ville principale, jusqu'au 14 juillet, le drapeau de l'usurpateur.* »

Moniteur du 4 mars 1817.

Le lecteur va voir par la pièce ci-jointe, 1.° que les Espagnols en dépôt à Rhodez ne prirent pas les armes en faveur de Bonaparte à l'époque du 20 mars ; 2.° que le très-petit nombre d'Espagnols resté à Rhodez après la formation d'une compagnie qui étoit partie pour Castelnaudary, n'a ralenti, ni comprimé l'élan des habitans de la ville le 11 juillet 1815, jour où fut arboré le signe de la délivrance, et non pas le 14, comme le député l'assura.

On présente aussi un certificat de la bonne conduite

observée par la compagnie composée d'Espagnols, qui étoit à Castelnaudary.

Département de l'Aveyron. Mairie de Rhodez.

Rhodez, le 23 mars 1817.

Le maire de la ville de Rhodez, sur la demande à lui faite par les réfugiés Espagnols du dépôt établi dans cette commune :

Déclare, que les Espagnols qui s'y trouvoient dans le mois de mars 1815 ne furent pas armés pour la cause de l'usurpateur :

Certifie en outre (non comme maire), puisqu'il avoit abandonné ses fonctions par suite des désastreux événemens, mais d'après des renseignemens authentiques, que les militaires Espagnols du même dépôt furent successivement dirigés, pendant l'interrègne, sur Tours et le département de l'Aude.

Atteste de plus, que les réfugiés civils, dont la conduite en général n'a donné lieu à aucunes plaintes sous les rapports de leurs opinions politiques, n'ont ralenti ni comprimé l'élan des habitans de Rhodez le 11 juillet 1815, jour où fut arboré le signe de délivrance.

En foi de quoi, etc. A l'hôtel de la Mairie, le 23 mars 1817. Signé *Delaure*.

Vu pour la légalisation de la signature de M. Delaure, maire de Rhodez.

En Préfecture de Rhodez, le 24 mars 1817. Par délégation de M. le Préfet. Le secrétaire général. Signé *Cabriere*.

Département de l'Aude, arrondissement de Castelnaudary.

Nous Sous-Préfet de l'arrondissement de Castelnaudary, rentré dans nos fonctions d'après l'ordonnance du Roi, en date du 7 de ce mois, certifions et attestons à qui il appartiendra, que le corps de messieurs les officiers Espagnols, envoyé dans notre ville le 9 du courant, s'y est toujours conduit avec honneur; que loin que l'on puisse former la moindre plainte contre aucun d'eux, il mérite les plus grands éloges sur le zèle avec lequel il a fait le service militaire actif que nécessitoit la crise d'où nous sortons, et sur la tranquillité dont leur pénible service, de nuit et de jour, a fait jouir notre cité; que ce corps mérite la bienveillance du gouvernement paternel et royal, sous lequel nous avons le bonheur de rentrer, et que notre reconnoissance nous engage à mettre sous la protection bienfaisante de notre bon Roi ce corps respectable d'officiers étrangers qui sont, par tant de malheureuses circonstances, obligés de vivre éloignés de leur patrie.

En foi de quoi nous nous faisons un devoir et justice de leur délivrer le présent certificat de leur bonne conduite, pour que foi y soit ajoutée, et qu'il soit un motif pour que S. M. leur continue sa bienveillance et améliore leur fortune.

Donné à la Sous-Préfecture de Castelnaudary, le 25 juillet 1815. Signé *de Marsolan.*

N.° II.

Nota. Il a été dit dans la Chambre : « *S'il est des endroits où les réfugiés ont pris les armes pour la cause royale, je puis certifier que dans mon pays ils les ont prises contre elle* ». Moniteur du 4 mars 1817.

Or, ce député voulant parler des Espagnols qui étoient à Auch, on va voir les faits dans toute leur vérité.

Lettre des Espagnols en dépôt à Auch, à M. le Maire de cette ville.

Auch, le 16 mars 1817.

Monsieur le Maire :

Vous avez lu sans doute dans les journaux les discussions qui ont eu lieu à la Chambre des députés relativement aux Espagnols réfugiés en France. Nous nous proposons d'adresser une lettre de remercîmens à son Excellence Monseigneur le Ministre de l'Intérieur qui a pris notre défense. Nous voudrions en même temps lui prouver que nous ne sommes pas tout-à-fait indignes de ses bontés, et que nous avons fait tout ce qui dépendoit de nous pour les mériter. Pour cela, nous avons cru nécessaire d'établir d'une manière authentique plusieurs faits que nous allons vous détailler : 1.° Les Espagnols de ce dépôt n'ont jamais été armés que depuis le retour de S. M. Louis XVIII, après la bataille de Waterloo. 2.° C'est Monsieur de Vesigny, Préfet du département, qui conjointement avec Monsieur Carbon, Commandant du dépôt à cette époque, organisa une compagnie des réfugiés pour aider la garde nationale à faire le service de la ville. 3.° Cette compagnie subsiste encore sur le même pied et fait le service de la ville pendant le jour : elle l'a fait aussi pendant la nuit. 4.° Elle a toujours répondu à la confiance que les autorités lui ont accordée. 5.° Les Espagnols qui faisoient le service de la ville du temps de Buonaparte étoient une compagnie qui venoit d'arriver d'un autre dépôt. 6.° Cette compagnie même se conduisit si bien et inspira tant de confiance aux autorités, qu'elles l'employèrent avec la gendarmerie pour maintenir l'ordre et pour rétablir le drapeau blanc. 7.° Lorsqu'on brûla le drapeau tricolore, la compagnie des Espagnols du dépôt étoit formée sur la place avec la légion, la gendarmerie et la garde nationale. 8.° Lorsqu'on apprit à Auch que Buonaparte étoit entré à Lyon et marchoit vers Paris, un grand nombre d'Espagnols du dépôt allèrent s'inscrire à la mairie, afin de prendre les armes pour le Roi. Vous connoissez, Monsieur le Maire, la plus grande partie de ces faits, et quant à l'autre, vous pouvez aisément prendre des renseignemens certains. Maintenant il ne nous reste plus qu'à vous prier de vouloir bien constater leur certitude au bas de cette pétition. Nous vous connoissons trop bien, pour croire que vous laisserez échapper une occasion de rendre hommage à la vérité et de protéger les malheureux. C'est à vous de déclarer que nous n'avons pas été ingrats envers le meilleur des Rois. C'est à nous de vous consacrer une éternelle reconnoissance pour un bienfait que nous croyons sans prix.

Nous avons l'honneur d'être, Monsieur le Maire, vos très-humbles et très-obéissants serviteurs.

Certificat de M. le Maire d'Auch.

Le Maire de la ville d'Auch se plaît à rendre toute justice à MM. les Espagnols actuellement du dépôt d'Auch, en assurant qu'ils se sont présentés devant lui au 20 mars pour s'enrôler dans les volontaires royaux ; qu'ils ont toujours témoigné beaucoup de reconnoissance pour les bontés dont S. M. Louis XVIII les a comblés, et qu'à toutes les époques, ils se sont rendus utiles à l'autorité, en faisant un service régulier ; et que souvent ils nous ont puissamment secondés pour maintenir l'ordre et la tranquillité publique.

A Auch, le 18 mars 1817. Le Maire, Le Chevalier DE VIC.

N.° III.

COPIE *de différens certificats.*

Les membres soussignés composant le tribunal de première instance de l'arrondissement de Lesparre, département de la Gironde, attestons :

Que MM. les officiers Espagnols, formant la première compagnie en garnison à Lesparre pour le maintien de la tranquillité publique, s'y sont comportés depuis le neuf juin, jour de leur arrivée, jusqu'à leur départ, qui a eu lieu le vingt-cinq du courant, avec tout le zèle et la prudence qui conviennent à de braves et loyaux militaires ; lesquels dirigés et commandés par les soins de MM. Naghten et d'Alfaraz, colonels, et par M. Bruno Gomez, major, pleins d'honneur et de probité, ne se sont jamais écartés de leurs devoirs, et que leur surveillance, tant de nuit que de jour, a été tellement active et constante, qu'aucune espèce de trouble ne s'est opéré dans cet arrondissement.

En foi de quoi, etc. A Lesparre, le vingt-sept juillet

1815. Signé *Boussiez*, président. *Potie*, juge d'instruction. *De Chatar*, juge.

Nous Fonctionnaires publics et notables habitans de la Ville de Lesparre, chef-lieu du sixième arrondissement du département de la Gironde ;

Certifions et déclarons, que MM. les officiers composant la première compagnie d'officiers Espagnols au service de France sont demeurés en garnison dans cette ville pendant près de deux mois ; qu'ils s'y sont conduits sous tous les rapports d'une manière exemplaire ; qu'ils ont constamment professé les principes d'union et du bon ordre, et qu'ils emportent les regrets de cette ville.

En foi de quoi nous nous sommes plus à leur délivrer le présent. A Lesparre, le vingt-cinq juillet 1815. Signés : Boussier, président du tribunal. Potie, juge. Bernard, notaire. Lebeuf, greffier du tribunal. Breau. Jonfrede, contrôleur des hypothèques. Coiffard. Plaignard, pharmacien. Bernard, avoué. Mottay, collecteur. Jaquemin, huissier. Sarrey. Gasqueton, avoué. Frechina aîné. Clauzet, greffier. Clavet, entreposeur. Monneins fils. Maurin, vétérinaire. J. Monneins. Marcou jeune. Monneins. Boussier fils. J.J. de Bemse. Constant. Laumond. Monneins père. G.er Aud.er Monneins jeune. François Monneins.

Vu pour la légalisation des signatures ci-dessus et de l'autre part.

A Lesparre, le 7 août 1815. Le Maire provisoire. Signé *Boue* jeune.

Vu pour la légalisation de la signature de M. Boue, Maire provisoire de la ville de Lesparre.

Lesparre, le neuf août 1815. Le sous-Préfet. Signé *De Géres.*

Pour copie conforme aux originaux qui existent dans mon pouvoir, ce que je certifie sur mon honneur.

Bordeaux, le 19 novembre 1816. Le colonel ex-commandant de ladite C.e Signé *Augustin d'Alfaraz.*

Département de la Gironde, Arrondissement de Libourne. Mairie de Libourne.

Libourne, le 15 septembre 1815. Le maire de la Ville de Libourne certifie que Messieurs les officiers Espagnols commandés par M. le colonel Corbalan, cantonnés à Libourne, se sont prêtés dans toutes les occasions au maintien de la tranquillité, qu'ils ont toujours fait un service actif de concert avec la garde nationale, et qu'ils ont constamment tenu une conduite qui leur a mérité l'estime de tous les habitans de cette ville.

Certifie en outre que dans un moment où la tranquillité publique étoit menacée, M. le colonel Corbalan et M. le major Shelly vinrent lui offrir les services de la compagnie, et qu'elle se réunit sur-le-champ aux gardes nationaux. En foi de quoi, etc.

A Libourne, dans l'hôtel de ville, le 15 septembre 1815. Signé *Dufau.*

Vu par le Sous-Préfet de l'arrondissement de Libourne pour la légalisation de la signature de M. Dufau, maire de la ville de Libourne. A Libourne, le 16 septembre 1815. Le Sous-Préfet. *Alexandre de la Salle.* Pour copie conforme à l'original qui me reste. Le Colonel. Signé *Corbalan.*

N.° IV.

N.° IV.

EXTRAIT *des registres des délibérations du conseil municipal de la ville de Tonneins.*

Séance du 22 juillet 1815.

Le conseil municipal de la commune de Tonneins, considérant, que la noble et sage conduite de messieurs les officiers Espagnols stationnés dans cette ville, sous le commandement de M. le maréchal-de-camp de Salamanca, dictée par les sentimens purs et élevés qui les animent, ont préservé cette cité des maux incalculables auxquels elle a été en proie dans les journées des 29 et 30 juin, et 1 et 2 juillet dernier ;

Délibère : 1°. Il sera envoyé à M. le maréchal-de-camp de Salamanca une députation du conseil municipal, pour remercier messieurs les officiers Espagnols des services inappréciables qu'ils ont rendus à cette cité. 2.° Le Roi sera supplié d'acquitter la dette de reconnoissance de la ville de Tonneins envers ces militaires, aussi recommandables par leur sagesse que par leur désintéressement. 3.° Copie de la présente délibération sera adressée par M. le maire à M. le maréchal-de-camp de Salamanca.

Délibéré à Tonneins, les jour, mois et an susdits. Signé au registre. *Giraudeau. L. F. Lagarde. Lebe. D. Bareire. Romefort. Arbanere fils. Desclaux-de-Laponne. Laperche. Paul Arthaud. Dupuy-de-Lanauze. Baqué. Cartuffé aîné. Luppé. Laperche aîné. Gasc* et *Silvestre.*

Pour copie conforme au registre. A Tonneins, le 12 août 1815. Le maire de Tonneins. Signé *Le comte de Bruet.*

Le Sous-Préfet approuve cette délibération dans tout son contenu. MM. les officiers Espagnols ont mérité par leur conduite, par leurs sentimens et par les services qu'ils ont rendus dans cet arrondissement, l'estime, l'attachement et la reconnoissance de tous les citoyens; le Sous-Préfet les recommande à la bienveillante justice de M. le Préfet.

Marmande, le 13 août 1815. Le Sous-Préfet de Marmande. Signé *Lamargue*.

Nous maréchal-de-camp, commandant de la place de Tonneins, désirant de donner à MM. les officiers Espagnols, qui composent la compagnie qui est à mes ordres, une preuve authentique de l'estime que leur bonne conduite et leur amour pour Sa Majesté Très-Chrétienne leur ont acquise dans ce pays, et voulant leur faire connoître en même temps les sentimens d'affection et d'attachement dont je suis pénétré à leur égard, comme étant leur chef, j'ai fait délivrer à chacun d'eux une copie de l'extrait des registres des délibérations du conseil municipal de la commune de Tonneins dans sa séance du 23 juillet 1815, et de l'approbation de M. le Sous-Préfet de Marmande, dont les originaux sont en mon pouvoir.

A Tonneins, le 14 août 1815. Pour copie conforme. Signé *Salamanca*.

Pour copie conforme. M. le colonel *La Iglesia*, lieut. de ma compagnie.

EXTRAIT *du discours prononcé par M.* LESCURE, *curé de Tonneins, le* 6 *août* 1815.

Au *Te Deum* chanté en actions de grâces pour l'heureux retour de S. M. Louis XVIII, dans sa Capitale,

M. le curé, s'adressant à M. de Salamanca, maréchal-de-camp commandant de la compagnie de MM. les officiers Espagnols et de la place, s'exprima en ces termes :

Monsieur le général :

Si notre joie est aujourdhui pure et sans mélange, c'est à vos braves et généreux Espagnols que mes paroissiens et moi en sommes redevables ; c'est votre sagesse, votre prudence, l'intérêt que vous avez pris à la plus juste des causes, qui ont éloigné tous les maux qui nous ont menacés ; sans vous, le voyageur étonné s'écrieroit en passant à la vue des ruines, des décombres de notre ville détruite : *Là fut Tonneins.*

Daignez, Monsieur le général, et vous vaillans officiers, recevoir l'expression de notre juste reconnoissance. Mes paroissiens, et moi qui suis ici leur organe, conserverons toujours le souvenir de vos services ; services signalés, dont vous trouvez déjà la récompense la plus douce, la plus pure, dans la bonté, dans l'excellence de vos cœurs.

Pour copie conforme à l'original qui est entre mes mains.

Le maréchal-de-camp, commandant de la place et de la compagnie de MM. les officiers Espagnols.

Tonneins, le 8 août 1815. Signé *Salamanca.*

A son Excellence Monseigneur Gouvion Saint-Cyr, Ministre de la guerre.

Monseigneur :

Je m'empresse à vous faire parvenir la demande formée par MM. les officiers Espagnols pour obtenir leur admission dans les cadres de l'armée françoise.

Si des sentimens nobles et distingués, un attachement prononcé à la maison de France et une conduite irréprochable dans leur service, qui dans cette dernière crise politique ont assuré à cette ville la tranquillité dont elle a joui, et sur laquelle on ne pouvoit compter sans leurs secours; si tous ces motifs, dis-je, peuvent appuyer leur désir de servir de titre auprès de V. E.,

Monseigneur, je vous supplie de prendre leur réclamation dans la plus grande considération. La ville de Tonneins, dont je suis l'interprête, croiroit manquer à tous les droits de la reconnoissance, si elle gardoit le silence sur les services essentiels et effectifs qu'elle a reçus de ces Messieurs.

Pour copie conforme. Signature de MM. les membres du conseil municipal de Tonneins.

N.° V.

Lettre du général Espagnol Salamanca au général Clausel.

Monsieur le Général,

L'accueil favorable que les Espagnols réfugiés ont obtenu de la France leur a imposé le doux devoir de se sacrifier pour la gloire et la prospérité de la nation; et en honneur de ce même devoir, nous nous sommes empressés d'offrir nos services à tous les gouvernemens que la France entière a reconnus dernièrement; les actuelles circonstances doivent faire changer nos devoirs : quand on voit (comme aujourd'hui) deux différens drapeaux, et on peut dire, deux partis opposés l'un à l'autre, l'on conçoit aisément que des étrangers ne peuvent, ni doivent se mêler, ni prétendre influencer dans les querelles qui agitent une nation; et pourtant nous devons attendre de vous que vous approuverez notre décision de ne point prendre part à la lutte, et nous vous prions en conséquence de nous désigner le lieu de notre résidence, etc. A Tonneins, le 16 juillet 1815. Signé *Le général Salamanca.*

Réponse.

Bordeaux, 18 juillet 1815.

Monsieur le Général:

Monsieur le général gouverneur vous autorise d'après la demande que vous lui faites le 16 de ce mois, de venir en dépôt à Bordeaux. Agréez, etc. Le maréchal-de-camp, chef d'état-major. Signé *B. Rignous.*

N. VI.

Lettre de S. E. le Ministre de l'Intérieur au général Salamanca.

J'ai reçu la lettre que vous m'avez fait l'honneur de m'écrire le 21 août dernier, à laquelle sont jointes les pièces qui attestent la conduite louable qu'ont tenue MM. les officiers Espagnols, servant sous vos ordres, pendant le séjour qu'ils ont fait à Tonneins, et les services éminens qu'ils ont rendus à cette ville.

Je me plais à rendre justice à MM. les officiers Espagnols, et sur-tout à vous, Monsieur, dont la prudence, la modération et la fermeté les ont dirigés dans les circonstances difficiles où ils étoient placés. On ne peut trop louer leur conduite et les bons sentimens qu'ils ont manifestés dans cette occasion.

Le Gouvernement ne peut pas manquer d'apprendre avec un vif intérêt combien ils ont donné de témoignages d'amour à Sa Majesté, et je me ferai un plaisir de leur en marquer personnellement toute ma reconnoissance, dont je vous prie de leur transmettre l'expression.

J'ai, Monsieur, l'honneur d'être très-parfaitement votre serviteur.—Pour le Ministre, le conseiller d'état, secrétaire général du Ministère de l'intérieur. Signé *Le Maronie*. Paris, le 18 septembre 1815.

N.° VII.

JOURNAL *d'Agen, du mercredi* 23 *août* 1815.

Extrait des registres des délibérations du conseil municipal de la commune de Marmande.

Séance du 11 août 1815.

M. le maire de Marmande a convoqué extraordinairement, après en avoir reçu l'autorisation, le conseil général de la commune.

Il a exposé que, par ordonnance du Roi, MM. les officiers Espagnols, qui étoient enrégimentés, devoient cesser toutes fonctions militaires et déposer les armes; que dans des circonstances aussi pénibles pour ces Messieurs, il croyoit convenable de leur donner un témoignage solennel de reconnoissance et de satisfaction pour le zèle et le dévouement qu'ils ont montré et pour l'activité du service depuis leur entrée dans la commune de Marmande ; le conseil considérant, que si le profond respect qu'il porte aux décisions de S. M. lui prohibe toute réflexion sur ce qui émane de sa sagesse, néanmoins il pense que, sans blesser ces sentimens il peut consigner dans sa délibération la peine que lui fait éprouver cette mesure ; que depuis le 24 juillet dernier une partie de la compagnie des officiers Espagnols, sous le commandement de M. le maréchal-de-camp *Salamanca*, en résidence à Tonneins, se rendit à Marmande par suite des événemens du 23 juillet dernier ; que ces Messieurs ont continuellement fait un service très-actif, et se sont portés avec zèle par-tout où leur présence a été jugée nécessaire ; que leur bonne conduite et leur dévouement concouroient puissamment à seconder l'opinion des sujets du Roi, et à déployer peut-être avec plus d'ardeur l'élan qui portoit tous les cœurs vers S. M.: le conseil a arrêté que M. le maire feroit connoître à MM. les officiers Espagnols l'expression de ses regrets. Il a aussi arrêté que M. le préfet seroit prié de conserver provisoirement l'organisation de la compagnie de MM. les officiers Espagnols stationnés dans l'arrondissement de Marmande, et seroit prié de les recommander à la bienveillance de S. M. — Fait et délibéré en conseil municipal, le 11 août 1815.

Pour copie conforme: *Signé* le Maire *Gaston de Forcade.*

Le Sous-Préfet partage les sentimens exprimés dans la délibération du conseil municipal de Marmande, sentimens bien justifiés par le service actif et utile que MM. les Espagnols ont fait dans cet arrondissement, depuis le 24 juin jusqu'à ce jour. Leur bonne conduite leur à mérité l'estime, l'attachement et la reconnoissance de tous les citoyens. Le Sous-Préfet. Signé *Lamarque.*

Le Préfet du département de Lot et Garonne certifie que, d'après les divers rapports qui lui sont parvenus sur la deuxième compagnie d'officiers Espagnols qui a resté en station à Marmande et à Tonneins, il n'a que des éloges à donner aux militaires qui la composent, soit pour leurs bons sentimens, soit pour les services qu'ils ont rendus dans le deuxième arrondissement. Le Préfet verroit donc avec plaisir que cette compagnie fût maintenue telle qu'elle est organisée. A Agen, le 13 août 1815. Signé *C.phe-de-Villeneuve.*

Lettre adressée par M. le comte DE BRUET, *maire de la ville de Tonneins, à M. le général espagnol Salamanca, commandant la deuxième compagnie d'officiers Espagnols lors de son départ, le 12 août* 1815.

Monsieur le Général :

Interprête des sentimens du Conseil municipal de cette ville et de ceux des habitans, j'ai l'honneur de vous témoigner leurs regrets universels sur votre départ, auxquels je vous prie de joindre les miens propres. La conduite sage et prudente que vous avez tenue dans ces circonstances difficiles, et les services que vous avez rendus à cette cité, vous assurent, Monsieur, ainsi qu'au corps que vous commandez, la reconnoissance éternelle de ses habitans : croyez qu'il manque à notre satisfaction de voir vos désirs accomplis ; et qu'avec toute assurance, vous pouvez toujours réclamer ici les témoignages honorables que vous y avez mérités. C'est, pénétré de ces sentimens, que le conseil municipal de cette ville et moi-même, avons l'honneur de vous renouveler l'assurance de notre considération distinguée. Le maire de Tonneins. Signé. *Le comte de Bruet.*

N.° VIII.

LETTRE *de M. le Lieutenant-général Muñoz, capitaine-commandant la compagnie des officiers Espagnols, au Rédacteur du journal de Lot et Garonne.*

Monsieur le Rédacteur :

Nous avons lu avec étonnement, dans le journal du Lot, du 16 juillet 1815, l'extrait des registres des délibérations du conseil général du département, qui y est inséré.

Nous croyons devoir à notre honneur et à la vérité, de relever les erreurs qui peuvent s'y être glissées sur notre compte.

Le conseil général dudit département se plaint d'une calomnie lancée, à ce qu'il paroît, sur la ville de Cahors, à l'occasion de l'arrestation de M. le duc de la Force ; et pour justifier les habitans de la ville, il tâche de jeter le tort qu'ils peuvent avoir eu dans cette occasion, sur les officiers Espagnols qui s'y trouvoient en dépôt.

Le conseil général du département s'explique en ces termes sur cet événement : « La ville de Cahors a été ca-» lomniée au sujet de cet énorme attentat (l'arrestation » du duc de la Force), dont il semble qu'on ait voulu » la rendre complice ; mais combien ce soupçon est in-

» juste ! elle gémissoit alors elle-même sous la plus dé-
» testable tyrannie. L'autorité avoit remis les armes dans
» les mains de trois cents Espagnols réfugiés, qui, au
» mépris des droits des gens, s'etoient prononcés pour
» l'usurpateur, etc. »

Les officiers Espagnols du dépôt de Cahors croient que le seul récit des faits arrivés à Cahors, lors de la prise du duc de la Force, suffira pour justifier leur conduite, qu'on a tâché de noircir avec tant de légèreté.

Lorsqu'on apprit à Cahors l'arrivée de Bonaparte à Paris, le pavillon blanc qui flottoit sur la mairie disparut dans la nuit du 26 au 27 mars, avant que, ni la ville de Cahors, ni le département se prononçassent pour ou contre. Le 29, le pavillon tricolore fut arboré dans la caserne du 45.e régiment de ligne. Le 30, quelques habitans de la ville promenèrent le pavillon tricolore dans les rues, proclamèrent Napoléon Bonaparte empereur des François, et plantèrent le susdit pavillon à la place qu'avoit occupé le pavillon blanc à la mairie.

Le 1.er avril, sur le midi, le duc de la Force fut arrêté dans le jardin de la préfecture, et conduit à la caserne par un foible détachement du 45.e

Le 2 avril, le commissaire des guerres de Cahors reçut une invitation du commissaire des guerres de Montauban, pour apprêter des rations pour deux mille hommes de troupes, qui devoient arriver ce jour même à Cahors. Cette invitation fut affichée par placards, dans tous les coins de la ville. Les habitans se persuadèrent que ces troupes étoient toutes, ou en grande partie, composées des habitans de Montauban, qui venoient venger sur eux l'outrage fait au duc de la Force, et se crurent exposés à toutes les horreurs d'une guerre civile ; et pour les éviter, ils s'armèrent et même conjointement avec la garde nationale.

Les officiers Espagnols qui y étoient en dépôt, connoissant leurs devoirs, avoient été tranquilles spectateurs, sans prendre part à nul de ces événemens, quoique le drapeau tricolore flottât déjà sur la mairie et sur la caserne, et que tout le pays, depuis Cahors jusqu'à Paris, eût reconnu Napoléon Bonaparte empereur des François.

Comme d'après l'invitation susdite, la ville de Cahors se croyoit ménacée d'une attaque, le commandant militaire du département ordonna aux officiers Espagnols de se rendre à la caserne du 45.e pour y recevoir des armes, afin de concourir avec la troupe, la garde nationale et les habitans, au maintien de la tranquillité publique, ou à la défense de la ville, si elle venoit à être attaquée.

Les officiers Espagnols dépendant, par leur position, du gouvernement françois, et par leur qualité de militaires, de l'autorité militaire, ne purent faire moins que d'obéir à cet ordre, et ils reçurent les armes, le même jour, 2 avril.

En conséquence, on posta la troupe, qui étoit tout au plus de 80 hommes du 45.e, au pont de Toulouse ; les Espagnols, au nombre de 80 aussi, au pont de Balandre ; la garde nationale, au Pont-Neuf ; et les habitans armés, à la Barre, sur la route de Paris. Ces quatre points furent fortifiés par les soins des autorités, et munis avec les pièces d'artillerie qui étoient à la mairie.

Cette attitude militaire dura jusqu'au 7, jour où les autorités s'étant assurées que la troupe, qu'on avoit annoncée, avoit été congédiée, ordonnèrent le désarmement de la garde nationale, des habitans et des officiers Espagnols. Pendant ces événemens, nul trouble, nulle terreur, nulle menace ne fut employée contre personne; nul accident, pas même involontaire, n'arriva dans la ville.

Par ce seul récit, pour la vérité duquel nous en appelons à M. le duc de la Force, à tous les habitans de la ville de Cahors, on verra que les officiers Espagnols n'étoient pas 300 : il n'y en avoit que 80 de Cahors, et 50 de Figeac, qui appelés par le commandant militaire du département, le 2 avril (il faut faire attention à cette époque), n'arrivèrent à Cahors que le 4;

Que l'autorité ne remit pas les armes entre leurs mains: ils les reçurent par ordre du commandant militaire du département, communiqué par le commandant du dépôt, leur chef immédiat, et affiché publiquement, par placard, le 2 avril, dans le Café Helvétique, lieu ordinaire de leur réunion;

Qu'ils ne se prononcèrent pas pour l'usurpateur, puisqu'ils ne prirent point de parti ni à la disparition du drapeau blanc, ni à l'élévation du pavillon tricolore, ni à l'emprisonnement du duc de la Force. Nous en appelons encore au témoignage de ce militaire. Tous ces événemens arrivèrent le 2 avril, jour de notre armement;

Qu'ils ne tinrent pas non plus les habitans ni dans la terreur, ni dans l'oppression; au contraire, ils concoururent, conjointement avec les habitans, à la défense de la ville, que ceux-ci croyoient menacée; et lorsque, dans la nuit du 3 au 4, on battit la générale dans la ville par une fausse alarme, tout le monde courut aux armes; pas un seul habitant ne resta chez lui, très-décidé à la défense de leur ville : ils n'étoient donc pas retenus par les Espagnols, ni dans la terreur, ni dans l'oppression.

Dans le *Journal de l'Empire*, du 13 avril, on annonça l'arrestation du duc de la Force, exécutée à Cahors par le peuple ; et le ministre de l'intérieur écrivit au préfet du département du Lot, de la part de l'empereur, lui ordonnant de témoigner au peuple de Cahors sa satisfaction pour la conduite qu'il avoit tenue pendant les événemens qui étoient arrivés dans leur ville. Pas un seul mot ne fut dit au sujet des officiers Espagnols.

Les officiers Espagnols du dépôt de Cahors ne méprisèrent pas non plus le droit des gens ; au contraire, ils le respectèrent ; et connoissant les devoirs que ce même droit leur impose envers une nation hospitalière et généreuse, ils ont tâché toujours de remplir ces mêmes devoirs, qui, pour eux, sont sacrés : ils se flattent de les avoir remplis à Cahors ; et ils ont fait de même à Tonneins et à Agen, dans des circonstances un peu plus difficiles. Aimant S. M. Louis XVIII par principes, et par un attachement depuis long-temps décidé, nous avons un grand motif de nous féliciter du retour de S. M. sur le trône de ses ancêtres. Dépendant, par notre position, du gouvernement françois, nous sommes prêts à sacrifier nos vies pour le bonheur de la France et pour la prospérité de la famille régnante ; mais nous n'entrerons jamais dans des discussions de droit public, qui ne nous regardent pas : nous ne savons qu'obéir aux lois de l'honneur, et à l'autorité qui nous commande.

Nous vous prions, Monsieur le Rédacteur, de vouloir bien consigner cette déclaration dans votre journal, pour relever les erreurs qui peuvent s'être glissées dans les extraits du registre du conseil général du département du Lot, insérés dans le journal du Lot, du 16 juillet.

Agen, le 22 juillet 1815.

Le lieutenant-général, MUÑOZ.

Le maréchal-de-camp, CASTRO.

NOTA. *Lorsque les officiers Espagnols furent organisés en compagnies à Agen, et qu'on leur annonça qu'ils devoient se rendre sur les frontières d'Espagne; prévoyant que, si ce départ avoit lieu, ils pourroient se voir dans le cas de se battre avec les troupes espagnoles, qui étoient postées sur leurs frontières, ils ne balancèrent pas à représenter aux autorités supérieures combien il seroit contraire aux principes de leur délicatesse, de leur honneur, ou de se battre contre leurs compatriotes, ou d'abandonner par cette raison le poste qui leur seroit confié, si l'intérêt de la France exigeoit sa conservation. Ils s'expliquèrent à ce sujet dans ces termes, le 6 juin :*

L'attachement ineffaçable pour sa patrie, en tout homme qui connoît l'honneur et l'humanité, le feroit balancer dans la nécessité ou de porter un coup contre un de ses compatriotes, ou d'abandonner le poste auquel l'attache ce même honneur qui lui fait aimer sa patrie, et la gratitude qu'il doit au souverain et à la nation qui ont conservé et qui soutiennent son existence. Veuillez bien, général, peser ces raisons dans votre sagesse, et décider. Les officiers Espagnols, quoiqu'abandonnés par l'Espagne, et haïs, peut-être, par une grande partie de leurs compatriotes, ne pourront qu'aimer leur patrie; ils ne pourront qu'aimer ceux-mêmes qui les haïssent, etc.

Le lieutenant-général Lucotte, commandant la 20.e division militaire, fit part de cette représentation à M. le lieutenant-général Clausel, commandant l'armée d'observation des Pyrénées-Occidentales, duquel ils obtinrent la réponse suivante :

A Monsieur le lieutenant-général Muñoz, capitaine commandant les compagnies des officiers espagnols à Agen.

Bordeaux, le 17 juin 1815.

Monsieur le Général :

Monsieur le général Lucote m'a communiqué la lettre que vous lui avez adressée au nom de MM. les officiers Espagnols du dépôt de Cahors.

Mon intention n'a jamais été d'exiger que les Espagnols se battent contre leurs compatriotes ; ceux-là seulement qui croiront devoir faire des efforts pour amener le gouvernement espagnol à traiter également tous les enfans de la même patrie, pourront employer dans la guerre présente leurs services de la manière qu'ils croiront convenable pour atteindre ce but ; mais je n'obligerai personne à prendre un parti quelconque hors de nos frontières.

En réunissant MM. les officiers Espagnols en compagnies, j'ai eu l'intention de leur faire faire un service intérieur, et je n'ai point douté de leur zèle ; les circonstances les ayant attachés au sort de notre patrie, ils sont liés d'intérêt avec nous pour la soutenir ; ils partageront notre gloire et notre bonheur.

Leur placement sur les frontières étoit nécessaire ; mais ils peuvent être tranquilles, ils n'auront point à combattre les Espagnols.

Agréez, Monsieur le général, l'assurance de ma parfaite considération.

Le général commandant le corps d'observation des Pyrénées-Occidentales. CLAUSEL.

Certificat de M. le Sous-Préfet de Cahors.

Le Sous-Préfet de l'arrondissement de Cahors certifie, que Messieurs les officiers Espagnols qui se trouvoient à Cahors, lors de l'arrestation de M. le duc de la Force, ce digne et estimable général, n'ont contribué en rien à cet attentat.

Je certifie de plus, que plusieurs d'entre eux sont venus m'offrir de partir avec moi pour aller à Clermont se ranger sous l'étendard royal.

Cahors, le 1.er août 1815. Le chevalier *Marmiesse de Lussan.*

D'après le texte de cette pièce officielle, et de beaucoup d'autres que les officiers Espagnols du dépôt de Cahors, séant à Agen et à Tonneins, pourroient produire, MM. les membres du conseil général du département du Lot pourront voir que les susdits officiers, loin de mépriser le droit des gens, ont eu, au contraire, toujours à cœur de l'observer, et de faire voir quelle étoit leur délicatesse envers la nation françoise, et quel étoit leur amour pour leur patrie, sans manquer toutefois à l'obéissance qu'ils doivent à l'autorité qui les commande.

N.° IX.

Nota. Pour estimer la valeur de cette pièce, il faut savoir que les régimens Espagnols entrés en France, en 1814, avec les armées de cette nation, furent désarmés à Toulouse et à Libourne, dans le mois de décembre de la même année ; que celui de la *garde royale* fut destiné au au département de Calvados, où il resta jusqu'au mois d'avril 1814; qu'il y contribua avec tant de zèle au maintien de l'ordre public; que M. le duc de Berry, à son passage par Carentat et Caen, en ayant eu connoissance, ordonna qu'il fût payé et considéré comme étant en service actif, et même S. A. R. promit avec sa bienveillance ordinaire d'intercéder pour ces militaires près de leur souverain Ferdinand VII, et enfin que cette troupe, la seule qui eût été conservée, enrégimentée, servit de cadre pour la formation du régiment d'infanterie avec la dénomination de *colonial étranger*, en vertu d'ordre du ministre de la guerre du 25 décembre 1814; et il passa à Tours dans le mois de mai 1815, pour servir de cadre aussi dans la formation du régiment *sixième étranger*.

Cette ville venoit d'arborer le drapeau blanc dans les premiers jours du mois de juillet. Mais l'armée françoise se retirant au-de-là de la Loire, quelques soldats de cette armée voulurent, à son passage par Tours, rétablir le drapeau tricolore; quelques désordres eurent lieu.

Les chefs militaires de la ville eurent recours au régiment composé d'Espagnols, pour contenir les désordres. Le colonel Tellechea qui les commandoit sut mériter, par sa conduite et celle de sa troupe, la reconnoissance de tous les habitans. Les dames à Tours, comme par-tout ailleurs, empressées de montrer leurs sentimens de fidélité, écrivirent une lettre flatteuse à M. le colonel Espagnol, et lui envoyèrent en même temps des cocardes blanches pour les soldats, qui en manquoient dans le bataillon commandé par Don Felix Pavia.

Lorsqu'une députation de la ville vint déposer ses hommages au pied du trône, elle loua particulièrement les services que le régiment avoit rendus. Les autorités voulurent bien en parler à Monseigneur le duc d'Angoulême, quand S. A. R. passa à Tours, et c'est à cette estime générale que le colonel Tellechea a dû sa nomination au commandement de la place, qu'il a conservé jusqu'au premier mois de cette année.

Département d'Indre et Loire. Mairie de Tours.

Extrait du registre des délibérations du conseil municipal de la ville de Tours, séance du 7.e jour du mois d'août 1815, présidée par M. le Baron Deslusson, Maire, chevalier de la légion d'honneur, et à laquelle étoient présens :

MM. Gouin ; Blos-Vallée ; Bellangot ; Carleau ; Chimbert ; Blain ; Cornier ; Petit ; Bruneau, juge ; Pallu ; Vauzelle ; Maugé ; Gaudin ; Gauthier ; Aubry ; Buignoux ; Surdean ; de Saint-Denis ; Maucort, Bourriest ; Loiseau ; Morteau ; Peyrusse ; Laurent.

Le conseil municipal instruit que M. Tellechea, colonel du 6.e régiment étranger, faisant depuis le commencement de juillet fonctions de commandant supérieur de la place, se trouve d'après l'ordonnance du Roi compris dans le nombre des officiers qui doivent rentrer dans l'état où ils étoient au 20 mars dernier, c'est-à-dire, la demi-solde et sans activité :

Considérant, que ce militaire, depuis qu'il commande dans cette ville le 6.e régiment, et particulièrement depuis que le commandement supérieur de la place lui a été confié, s'est conduit avec zèle, activité et une franche loyauté :

Considérant, que c'est à la sagesse des mesures prises par MM. les généraux commandant à Tours, exécutées par M. Tellechea, et au courage qu'il a montré, que cette ville a dû la repression des troubles que des factieux avoient excités le 13 juillet dernier, et le maintien depuis cette époque de la tranquillité publique; que secondé par les officiers et soldats de son régiment, dont la bonne discipline et l'attachement à leur chef feroient seuls l'éloge de sa moralité, il a puissamment secondé les autorités administrative et judiciaire dans leurs efforts pour soustraire les habitans à la compression des agitateurs, et les mettre dans le cas de se livrer à l'élan de leur amour pour leur Roi :

Considérant, que la conduite franche du colonel Tellechea ne laisse aucun doute sur son attachement au Souverain légitime de la France; que la cessation de ses fonctions seroit une perte sensible pour cette cité; que ses services ne peuvent qu'être utiles au gouvernement royal;

Arrête, qu'il sera écrit à S. Exc. le Ministre de la guerre pour solliciter de sa justice la conservation de M. le colonel Tellechea dans son grade et ses fonctions actuelles; que jusqu'à ce que Son Excellence ait fait droit à la demande du conseil, M. le général commandant en chef dans ce département sera invité à maintenir provisoirement dans ses fonctions M. Tellechea, autant cependant que cela pourroit s'accorder avec l'exécution de l'ordonnance du Roi; qu'expédition de la présente sera adressée à S. Exc. le Ministre de la Guerre, à M. le général Hamelinaye, et à M. le colonel Tellechea.

Pour expédition. Baron *Desclusson*, Maire.

www.ingramcontent.com/pod-product-compliance
Ingram Content Group UK Ltd.
Pitfield, Milton Keynes, MK11 3LW, UK
UKHW020213200726
13856UKWH00004B/1357